Innere Balance – rundum wohlfühlen und glücklich sein

Linda Lavao

AF201215

Linda Lavao

INNERE BALANCE – RUNDUM WOHLFÜHLEN UND GLÜCKLICH SEIN

Impressum:

Bibliografische Information der Deutschen Nationalbibliothek:
Die Deutsche Nationalbibliothek verzeichnet diese Publikation
in der Deutschen Nationalbibliografie; detaillierte
bibliografische Daten sind im Internet über http://dnb.dnb.de
abrufbar.

© 2020 Linda Lavao

Herstellung und Verlag: BoD – Books on Demand,
Norderstedt

ISBN: 978-3-7519-7716-6

Inhaltsverzeichnis

I

III

1. Sich selbst lieben

Wer im Reinen mit sich ist und sich selbst liebt, ist oft zufriedener, glücklicher und ausgeglichener. Bedingungslose Selbstliebe ist eine hervorragende Grundlage für innere Balance. Wer sich selbst liebt, achtet gut auf sich. Wer gut auf sich achtet, bleibt leichter in seiner Mitte.

Übung 1:

Mach dir klar, was für ein wunderbarer Mensch du bist. Um dir das vor Augen zu führen, kannst du zum Beispiel aufschreiben, was du alles an dir magst. Deine herzliche, einfühlsame Art, deinen Humor, deine Intelligenz – was auch immer. Von deinen strahlenden Augen und deinen schönen Haaren bis zu den kleinen Grübchen, die du hast,

wenn du lachst. Ob große oder kleine Dinge,
offensichtliche oder verborgene: Schreib alles auf,
was du an dir magst.

Übung 2:

Dann schreibst du auf, was du gut kannst. Was
fällt dir leicht? Was sind deine Stärken und
Fähigkeiten? Die Dinge, die man besonders gut
kann, fallen einem manchmal selbst gar nicht auf,
weil man sie für normal hält. Oft sind es Dinge, bei
denen man denkt: Das kann ja jeder. Das denkt
man aber häufig nur, weil es einem selbst so
leichtfällt. So leicht, dass man denkt, das müsste
jeder können. Zum Beispiel einen Kuchen backen.
Man denkt, jeder kann einen Kuchen backen. Ja,
irgendwie und irgendwann wird es wohl jeder
irgendwie hinkriegen. Aber es gibt Menschen, die
rühren in kürzester Zeit ein paar Zutaten

zusammen und es entsteht ein wahres Meisterwerk.

Putzen. Ja, viele Menschen können einen Lappen nehmen, Putzmittel drauf tun und damit im Waschbecken rumreiben, bis der Dreck weg ist. Aber hast du schon mal gesehen, wie strahlend und glänzend ein Badezimmer aussieht, wenn es jemand geputzt hat, der Freude daran hat und ein echtes Naturtalent ist?

Bügeln. Das Bügeleisen werden viele in die Hand nehmen können. Den Stecker in die Steckdose stecken, geht auch noch. Dann mit dem Bügeleisen über das Kleidungsstück. Aber nur bei Menschen, die das richtig gut können, ist hinterher auch wirklich kein Fältchen mehr zu sehen.

Was kannst du gut? Im Beruf, im Haushalt, im Privatleben. Berufliche Dinge fallen einem meist schnell ein. Aber solche Dinge wie ein guter Zuhörer sein, eine gute Freundin sein, gut mit Tieren umgehen können oder ein Händchen für Pflanzen haben, sind genauso wichtig und wertvoll. Schreib alles auf.

Übung 3:

Dann notierst du alles, was andere an dir mögen. Wofür hast du Komplimente und Lob bekommen? Egal, ob es dein Aussehen und dein Charakter sind oder das, was du besonders gut kannst. Es können auch Dinge sein, für die du zwar kein laut ausgesprochenes Kompliment bekommen hast, aber um die du oft gebeten wirst. Deine Nachbarin wollte von dir das grandiose Kuchenrezept? Dann muss dir der Kuchen wohl immer besonders gut gelingen. Dein Kollege hat dich gebeten, ihm das neue IT-System zu erklären? Dann weiß er wohl, dass du dich damit gut auskennst. Deine Freunde kommen gerne zu dir und plaudern mit dir. Dann scheinst du wohl eine gute Freundin oder ein guter Freund zu sein. Du hast einen Job als Babysitter? Dann bist du anscheinend eine liebevolle, vertrauenswürdige und zuverlässige Person. Schreibe all diese Dinge auch mit auf.

Es tut gut, schwarz auf weiß zu haben, was für ein wunderbarer Mensch du bist. Schau es dir genau an und freu dich darüber. Liebe dich selbst!

Falls du beim ersten Schreiben noch nicht so viele Dinge gefunden hast, heißt das nicht, dass es keine gibt. Sie sind dir nur noch nicht bewusst. Achte in Zukunft darauf. Schau genau hin – und schreib in ein paar Wochen oder Monaten eine neue Liste. Das kann dir dabei helfen, dich selbst zu lieben.

2. Das Leben lieben

Das Leben ist ein Geschenk. Mach dir das bewusst und sei dankbar dafür, dass du lebst. Dafür, was du alles auf dieser Welt erleben darfst. Was für Erfahrungen du machen darfst. Welche Menschen du treffen darfst. Wenn man das Leben als Geschenk empfindet und glücklich ist, dass man lebt, ist es einfacher, die innere Balance zu spüren.

3. Dankbar sein

Sei dankbar. Mach dir bewusst, was in deinem Leben schön und positiv ist. Man ist oft so in seinem Trott und mit dem Lösen von Problemen beschäftigt, dass man völlig vergisst, was schon gut ist. Welche Herausforderungen man schon erfolgreich gemeistert hat. Was man alles erreicht hat. Was einem in diesem Leben geschenkt wurde.

Übung 4:

Es tut gut und kann auch dein Selbstbewusstsein stärken, wenn du dir das einmal richtig bewusst machst. Denk darüber nach oder schreib es auf. Wenn du es schwarz auf weiß auf dem Papier siehst, wird es dir noch klarer. Was auf der Liste stehen wird, ist ganz individuell. Es kann die

Lebenssituation betreffen, dein Aussehen, liebe Menschen in deinem Leben, private oder berufliche Erfolge. Mögliche Punkte sind:

- ein schönes Zuhause
- eine liebe Familie
- ein liebevoller Partner
- ein tolles Kind
- einen Hund aus dem Tierheim gerettet haben
- eine neue Frisur
- ein schönes Erlebnis
- ein erfolgreicher Schulabschluss
- ein erfolgreiches Studium
- eine gelungene Präsentation bei der Arbeit
- ein erfolgreich abgeschlossenes Projekt
- eine gute Gehaltsverhandlung

Es passieren so viele schöne Dinge, die man nur oft nicht sieht. Man nimmt sie so hin, anstatt sich richtig darüber zu freuen und kleine Erfolge im Alltag zu feiern. Schau genau hin und nimm bewusst wahr, wenn schöne Dinge passieren. Freu dich darüber und sei dankbar.

Für vermeintlich nicht so schöne Dinge kann man auch dankbar sein. Auch, wenn etwas nicht so läuft, wie man es sich vorgestellt hat. Es war eine Erfahrung im Leben, an der man etwas lernen konnte. Sie bringt einen weiter. Man kann daran wachsen. Der Sinn einer solchen Erfahrung erschließt sich oft erst später. Manchmal auch gar nicht, aber das macht nichts. Du hast es vielleicht selbst schon erlebt oder von anderen Menschen gehört. Es ist in der Vergangenheit etwas passiert, über das man sich damals geärgert hat, aber dadurch ergibt sich später im Leben etwas ganz Wunderbares.

Zum Beispiel: Man verpasst das Flugzeug, mit dem man zu einem wichtigen Geschäftstermin wollte. Dadurch muss man die Nacht im Hotel verbringen – und lernt am nächsten Morgen beim Frühstück seinen Traummann oder seine Traumfrau kennen.

Oder: Man konnte durch eine Krankheit seinen ursprünglichen Beruf nicht mehr ausüben und musste sich eine neue Tätigkeit suchen. Im Laufe der Zeit zeigt sich, dass man damit viel glücklicher und zufriedener ist.

Solche Beispiele gibt es viele. In der anfänglichen Situation ist einem meist noch nicht klar, was sich Positives daraus ergeben kann. Aber, wenn man sich bewusst macht, dass es durchaus möglich ist, dass daraus etwas Besseres entsteht, kann man leichter damit umgehen. Man kann sich auch für diese Erfahrung bedanken. Das Danken kann es einem erleichtern, besser damit umzugehen.

4. Den Moment genießen

Innere Balance zu haben, bedeutet auch, den Moment genießen zu können. Das Hier und Jetzt bewusst zu erleben. Das heißt nicht, dass man sich nicht an die Vergangenheit erinnert oder seine Zukunft plant. Das ist auch sehr wichtig. Aber man sollte nicht nur in Erinnerungen schwelgen oder nur damit beschäftigt sein, für die Zukunft alles in trockene Tücher zu bringen, sondern auch mal den Moment bewusst erleben und genießen. Bewusst wahrnehmen, wie schön dieser Moment ist, anstatt mit den Gedanken schon wieder beim morgigen Hausputz oder beim Geschäftstermin nächste Woche zu sein.

Den Moment genießen – mit allen Sinnen. Tief durchatmen und spüren, wie gut die frische Luft tut. Die schöne Blume am Wegesrand sehen. Den köstlichen Kaffeeduft riechen. Den leckeren Kuchen schmecken. Die Umarmung eines lieben Menschen genießen.

Es gibt so viel Schönes auf der Welt. Es lohnt sich, hinzuschauen und das Schöne mit allen Sinnen wahrzunehmen. Dadurch bekommt man einen Blick für das Schöne und kann sich daran erfreuen. Die innere Zufriedenheit steigt und man fühlt sich ausgeglichener.

5. Die Aufmerksamkeit auf das Schöne lenken

Für die innere Balance ist es wichtig, den schönen Dingen und Erlebnissen in seinem Leben mehr Raum zu geben. Richte deine Aufmerksamkeit auf das, was positiv ist. Dadurch gibst du den positiven Dingen die Chance, präsenter zu sein und mehr Raum in deinem Leben einzunehmen.

Jeder kennt es: Man hat einen schlechten Tag. Dieser fängt zum Beispiel damit an, dass man den Wecker nicht hört und verschläft. Man beeilt sich und stößt dabei die laufende Kaffeemaschine um. Das war auch noch der letzte Kaffee. Auf dem Weg zur Arbeit springen alle Ampeln auf Rot, der Kollege schnappt einem den letzten Parkplatz weg und der Chef ist schlecht gelaunt. So geht es den ganzen Tag weiter. Oft ärgert man sich darüber und denkt auch noch ständig über die Missgeschicke und die negativen Dinge nach.

Das Ganze funktioniert auch umgekehrt. Das kennst du bestimmt auch. Du wachst morgens gut gelaunt auf. Der Kaffee schmeckt wunderbar und das Frühstücksei ist genau richtig. Die Ampeln springen alle auf Grün und der Parkplatz direkt vor dem Eingang deines Büros ist frei. Dein Chef hat beste Laune und bringt dir sogar ein Sandwich mit.

Wenn etwas Positives passiert, freuen wir uns darüber. Unser Herz geht auf und wir sind dankbar. Das strahlen wir auch aus. Diese positive Ausstrahlung und unser offenes, fröhliches Herz machen es uns leichter, dass noch mehr positive Dinge passieren können. Darüber freuen wir uns auch wieder und die Freude wird noch größer. Die Menschen in deinem Umfeld merken, dass du gut drauf bist. Sie freuen sich darüber und sind dir gegenüber offener. Du freust dich.

Je mehr du deine Aufmerksamkeit auf die schönen Dinge lenkst und dich darüber freust, desto größer ist die Chance, das auch etwas anderes leicht geht und sich positiv entwickelt.

Gib also kleinen Missgeschicken und negativen Dingen im Alltag nicht so viel Raum. Wenn so etwas passiert, nimm es locker und richte deinen Fokus auf positive Dinge. Erfreu dich daran. So hast du bessere Chancen, dass noch mehr positive Dinge passieren und der Tag doch noch schön wird. Sich auf die schönen Dinge und Erlebnisse im Leben zu konzentrieren, kann dir helfen, deine innere Balance zu finden und zu behalten.

Übung 5:

Schreib auf, was an diesem Tag alles schön war. In welchen Momenten warst du glücklich? Das kannst du für jeden Tag machen. Schau dir die Ergebnisse nach einiger Zeit an und freu dich darüber, wie viele schöne Momente du in deinem Leben hast. Das hilft dabei, insgesamt zufriedener mit sich und seinem Leben zu sein.

6. Pausen machen

Für die innere Balance sind genug Pausen enorm wichtig. Sowohl am Tag, als auch in der Woche, im Monat, im Jahr und im ganzen Leben.

Mach während der Arbeit genügend Pausen. Wenn du eine Pause hast, erhol dich auch wirklich. Am besten ohne Handy. Tu etwas, das dir guttut und bei dem du dich entspannen kannst. Das kann ein Spaziergang an der frischen Luft oder ein leckeres Essen sein. Vielleicht hast du sogar die Gelegenheit, einen Power Nap zu machen. Damit ist ein kurzes Nickerchen gemeint, das maximal 30 Minuten dauert und sehr erholsam ist. Wenn du bei der Arbeit nicht raus darfst, kannst du vielleicht an deinem Arbeitsplatz am offenen Fenster ein paar Minuten tief durchatmen oder dich irgendwo kurz hinsetzen, um zur Ruhe zu kommen.

Zu Hause sind ausreichend Pausen ebenfalls wichtig. Gönn dir bei der Hausarbeit öfter mal eine Pause und mach rechtzeitig Feierabend. Auch im Wochenverlauf sind Pausen in Form von freien Tagen wichtig. Wer die ganze Zeit durchpowert, läuft Gefahr, seine innere Balance zu verlieren. Dasselbe gilt für einen Monat, ein Quartal und ein Jahr. Nimm dir jedes Jahr genügend Urlaub. Es muss nicht immer eine Reise sein, es können auch zwei oder drei freie Wochen zu Hause sein.

Zu Hause Urlaub zu machen, ist allerdings eine Herausforderung, weil man überall die Arbeit liegen sieht und sich plötzlich doch wieder beim Arbeiten ertappt. Beim Urlaub zu Hause also unbedingt darauf achten, auch wirklich Urlaub zu machen. Entspannen, loslassen, die freie Zeit genießen, sich etwas Gutes tun, sich etwas gönnen.

Einfacher ist es meist, eine Reise zu machen. Die räumliche Entfernung von zu Hause – und vom Arbeitsort - tut gut und erleichtert vielen Menschen die Entspannung.

7. Ruhe

Deine täglichen Pausen können mit folgender Übung noch erholsamer werden. Sie kann zur inneren Balance beitragen:

Übung 6:

Gönn dir jeden Tag mindestens eine Stunde, in der du nichts tust und dich entspannst. Leg dich gemütlich auf dein Bett oder Sofa. Wichtig ist, dass du das Handy ausmachst – ganz aus, nicht nur auf Vibrationsalarm. Vollkommene Ruhe ist wichtig. Keine Musik, kein Fernsehen. Am besten stellst du auch die Türklingel lautlos und sagst deinen Mitbewohnern, dass du jetzt Pause machst, Ruhe brauchst und nicht gestört werden willst. Das ist ganz wichtig, damit du dich richtig entspannen kannst. Schließ die Augen und entspann dich. Nicht zwischendurch aufstehen, sondern einfach nur loslassen und entspannen. Mindestens eine Stunde lang.

Das wird vielleicht am Anfang ungewohnt sein. Aber wenn du regelmäßig – am besten jeden Tag – so zur Ruhe kommst, kann das zu deinem Wohlbefinden und deiner inneren Balance beitragen. Probiere es einfach ein oder zwei Wochen lang aus und achte darauf, ob es dir guttut und ob sich bei dir etwas verändert.

8. Der Atem

Es tut gut, zwischendurch ganz bewusst auf die Atmung zu achten. Es heißt nicht umsonst „tief durchatmen". An diesem Satz ist etwas dran. Indem man sich auf den eigenen Atem konzentriert, kann man leichter zu Ruhe und zu sich selbst kommen. Du kannst zum Beispiel folgende Übung mehrmals am Tag machen:

Übung 7:

Durch die Nase einatmen und durch den Mund ausatmen. Achte ganz bewusst auf deinen Atem. Immer wieder durch die Nase einatmen und den Mund ausatmen. Dabei kannst du versuchen, deine Gedanken loszulassen und dich zu entspannen. Du kannst auch darüber nachdenken, was in deinem Leben alles schön ist. Was du an dem Tag Schönes erlebt hast. Worüber du dich gefreut hast. Worüber du in deinem Leben dankbar bist. Dadurch entsteht ein Gefühl der Dankbarkeit.

9. Entspannungsübungen

Wer nach der Arbeit gerne zu Hause zur Ruhe kommen möchte, kann dieses mit Entspannungsübungen oder Meditieren tun. Den Körper bei Entspannungsmusik zu lockern, wirkt wohltuend und fördert das Körpergefühl. Man lernt seinen Körper besser kennen. Das hilft, um auch im Alltag die Signale seines Körpers besser wahrnehmen zu können. Welche Art von Entspannungsübungen sich eignen, ist sehr individuell. Probiere einfach verschiedene Übungen aus und spür in dich hinein, bei welcher du dich am besten entspannen kannst. Welche dich am besten dabei unterstützt, in deine Mitte und zu dir selbst zu kommen.

10. Erholsamer Schlaf

Genug und gut zu schlafen, ist für die innere Balance sehr wichtig. Dabei geht es zum einen darum, lange genug zu schlafen, und zum anderen um die Schlafqualität. Dass man acht Stunden geschlafen hat, heißt nicht unbedingt, dass die Qualität des Schlafs auch gut war.

Der Schlaf verläuft in Zyklen, die in mehrere Schlafphasen unterteilt werden. Man unterscheidet allgemein den REM-Schlaf und den Non-REM-Schlaf. Der REM-Schlaf wurde im Jahr 1953 an der University of Chicago von Eugene Aserinsky und Nathaniel Kleitman entdeckt. Die Abkürzung REM steht für „Rapid Eye Movement". Es ist die Phase, in der es bei geschlossenen Lidern zu schnellen Augenbewegungen kommt und in der Blutdruck und Puls ansteigen. In dieser Phase träumt man viel. In der Non-REM-Phase sinken der Blutdruck und die Körpertemperatur. In dieser Phase findet der Tiefschlaf statt.

Wenn die natürlichen Schlafphasen gestört werden, kann es zu Schlafstörungen kommen. Viele Faktoren haben einen Einfluss auf die Schlafphasen. Dazu gehören unter anderem Stress, Lärm, eine ungeeignete Schlafumgebung, eine falsche Bettausstattung und ein ungesunder Lebensstil. Dadurch kann es sein, dass man zum Beispiel acht Stunden im Bett liegt, aber nur sechs schläft, oder nicht genügend Tiefschlafphasen erreicht und sich erholen kann.

Das A und O für einen erholsamen Schlaf sind Ruhe und Dunkelheit. Deshalb ist es sinnvoll, als Schlafzimmer einen ruhigen Raum zu wählen und störende Geräusche von außen möglichst abzuschirmen. Auch genügend Pausen im Alltag,

eine gesunde Ernährung und ausreichend
Bewegung können zu einem erholsamen Schlaf
beitragen.

Tipp: Wer sich intensiver mit diesem Thema
beschäftigen möchte, kann gerne meinen Schlaf-
Ratgeber lesen, der ebenfalls im Handel erhältlich
ist.

11. Ausschlaftage gönnen

In Phasen, in denen man viel Stress hat, ist es sinnvoll, sich ganz bewusst einen oder am besten mehrere Ausschlaftage zu gönnen. So lange schlafen, wie man will. Ohne Wecker. Ohne andere Menschen, die einen wecken. Einfach ausschlafen, bis man wach wird und aufstehen möchte. Dadurch kann man Kraft tanken und besser bei sich bleiben. Wenn man von vornherein Ausschlaftage einplant, ist man oft sogar an den anderen Tagen produktiver. Man gönnt sich so genügend Pausen und schafft trotzdem – beziehungsweise gerade deswegen – mehr und freut sich darüber. Das stärkt das Gefühl der inneren Balance.

Tipp: Plane am besten jetzt sofort deinen nächsten Ausschlaftag. Vorfreude tut gut! :)

12. Genug für sich selbst tun

Innere Balance zu haben, heißt auch, genug für sich selbst zu tun. Viele Menschen neigen dazu, mehr für andere zu tun als für sich selbst. Einige sind den ganzen Tag nur damit beschäftigt, etwas für andere zu tun. Für den Chef, für die Kollegen, für die Kunden, für den Partner, für die Kinder, für die Eltern, für die Nachbarn, für soziale und gemeinnützige Projekte usw. Es ist ja auch schön und wichtig, etwas für andere zu tun, aber nicht nur und nicht ständig. Tu mehr für dich!

Was hast du heute schon für dich getan? Nur für dich? Etwas für andere zu tun, gibt vielen Menschen ein gutes Gefühl. Sie denken dann, sie hätten sich selbst damit ja auch etwas Gutes getan. Aber es hat eine ganz andere Qualität, etwas nur für sich selbst zu tun. Sich etwas Gutes zu tun. Was auch immer. Den Körper pflegen, Wellness, ein leckeres Essen genießen, einen Spaziergang machen, ein neues Kleidungsstück kaufen, ein Buch lesen, eine Reise buchen, einen Herzenswusch erfüllen. Was auch immer. Tu dir etwas Gutes!

Viele gehen nach der Arbeit ins Fitnessstudio oder treiben anderen Sport. Hand aufs Herz: Machst du das für dich persönlich? Oder damit du für andere gut aussiehst? Machst du es, weil du Freude daran hast und es dir guttut? Oder gehst du zum Sport, weil dein Arzt gesagt hat, du sollst das tun? Schau genau hin, warum du etwas tust. Sei ehrlich zu dir.

Natürlich sind solche Dinge wie Sport, wenn es der Arzt empfohlen hat, auch wichtig. Es heißt auch nicht, dass du solche Sachen nicht mehr machen sollst. Aber: Es geht darum, dass du genau herausfindest, was du nur für dich selbst tust – und davon mehr in dein Leben integrierst.

Das ist gut für deine Zufriedenheit und deine innere Balance.

Übung 8

Schreib auf, was du heute für dich getan hast. Das kannst du jeden Tag am Abend notieren, damit es dir bewusster wird. Überleg dir am besten auch gleich, was du morgen für dich tun kannst. Viel Freude!

13. Zeit allein

Einen Tag oder ein Wochenende ganz allein zu sein, hilft auch vielen Menschen, um zu sich und zur Ruhe zu kommen. Zeit nur für dich. Ein Tag, an dem du mit niemanden sprechen musst. Nur, wenn du Lust darauf hast. Ein Tag, an dem du das Telefon ausschaltest und niemandem die Tür öffnest. An dem du keine Mails checkst und die To-do-Liste ignorierst. Nur Zeit für dich. Das ist eine echte Wohltat und stärkt deine innere Balance.

So ein Tag lässt sich natürlich leichter organisieren, wenn du allein wohnst. Aber auch, wenn du mit deinem Partner oder in einer WG wohnst, ist es möglich. Es ist eine Frage der Organisation und der Absprache. Wenn es zu

Hause wirklich nicht möglich ist, kannst du auch einen Tag in ein Hotel gehen und außer dem Zimmerservice mit dem leckeren Essen niemanden hereinlassen. Vielleicht ist auch eine Freundin von dir gerade im Urlaub und du darfst einen Tag in ihre Wohnung. Möglichkeiten gibt es viele.

14. Gut zu sich selbst sein

Geh liebevoll mit dir um. Sei gnädig mit dir selbst und verurteil dich nicht. Falls du mal etwas falsch gemacht haben solltest, nimm es locker. Das ist menschlich. Verzeih dir selbst. Achte gut auf dich und darauf, was du gerade brauchst. Gönn dir etwas. Sei nicht nur anderen Menschen gegenüber nachsichtig und großzügig, sondern auch dir selbst gegenüber. Sei auch dir gegenüber verständnisvoll und rücksichtsvoll. Sie lieb zu dir!

15. Wünsche erfüllen

Erfüll dir deine Wünsche! Sich die kleinen Wünsche des Alltags und die großen Herzenswünsche zu erfüllen, trägt zur inneren Balance bei.

Was wünschst du dir? Ein neues Kleid? Ein neues Auto? Ein Treffen mit einem lieben Menschen? Eine Reise?

Was wolltest du schon immer mal tun? Barfuß über eine Wiese gehen? Im Regen tanzen? Einen Helikopterflug machen? Zu einem WM-Fußballspiel gehen?

Übung 9

Was auch immer du dir wünschst: Schreib es auf!

Manche Wünsche lassen sich natürlich nicht sofort erfüllen. Aber es ist wichtig, sie im Auge zu behalten. Überleg dir ganz konkret, wie du sie erreichen kannst. Mach am besten sofort den ersten Schritt. Wenn du zum Beispiel schon immer eine bestimmte Sprache lernen wolltest, melde dich zu einem Kurs an oder lad dir eine Sprach-App runter. Schau in deinen Terminkalender und plane konkrete Zeiten dafür ein. Zusätzlich kannst du nebenbei Radio in der Sprache hören oder eine DVD schauen.

Du träumst davon, nach Australien zu reisen? Melde dich auf einer Seite an, auf der man Menschen auf der ganzen Welt kennenlernen kann. Es gibt interessante Apps für Sprachtandems. Dort kannst du zum Beispiel Australier kennenlernen, mit denen du Englisch und Deutsch sprechen kannst. So übt ihr die Sprache und lernt euch kennen. Du lernst besser

Englisch und kennst schon jemanden in dem Land, das du gerne bereisen möchtest.

Wenn es dein Wunsch ist, eine neue und außergewöhnliche Sportart auszuprobieren, fang an, dich darüber zu informieren. Du kannst dich auch bei Foren und Gruppen im Internet umsehen. Manchmal ergeben sich dadurch ganz neue Möglichkeiten, wie und wo du den Sport ausüben kannst.

Du wünschst dir ein neues Auto, kannst es dir aber noch nicht leisten? Schau dich nach Möglichkeiten um, mit denen du zusätzlich Geld verdienen kannst. Vielleicht braucht deine Nachbarin jemanden, der für sie einkauft oder mit ihrem Hund Gassi geht. Hast du noch alte Schätze in deinem Kleiderschrank oder im Keller, die du verkaufen könntest.

Überleg, wie du dir deinen Wunsch erfüllen kannst. Fang am besten sofort damit an oder plane, wann und wie du vorgehst. Das gibt oft viel Kraft und neue Lebensfreude. Wenn man sich seine Wünsche erfüllen kann – oder zumindest die Aussicht hat, dass es in Zukunft geht, ist man oft zufriedener. Man fühlt sich ausgeglichener.

Von Zeit zu Zeit kannst du dir deine Liste anschauen. Welche Wünsche konntest du dir schon erfüllen? Welche haben sich vielleicht erledigt, weil sie dir inzwischen nicht mehr so wichtig sind? Welche neuen Wünsche hast du?

16. Gelassen bleiben

Häufig regt man sich über Dinge auf, an denen man nichts ändern kann. Zum Beispiel das Wetter oder Entscheidungen anderer Menschen. Sich über solche Dinge aufzuregen, bringt meistens nicht viel. Oft kostet es nur Kraft und es geht einem eher schlechter. Versuch einfach mal, dich über solche Dinge nicht zu ärgern. Mach das Beste daraus.

Damit ist nicht gemeint, diese Dinge runterzuschlucken, zu verdrängen oder unter den Teppich zu kehren. Es geht darum, sich nicht darüber zu ärgern. Das ist am Anfang vielleicht nicht so einfach, aber mit etwas Übung gelingt es immer besser. Probiere es einfach aus.

17. Ruhe bewahren

In der Ruhe liegt die Kraft: Diese Weisheit von Konfuzius trifft auch heute noch zu. Man fühlt sich insgesamt ausgeglichener, wenn man Ruhe bewahrt. Das gilt besonders in stressigen Situationen. Man neigt dazu, dann besonders schnell und hektisch zu werden. Aber oft ist es sinnvoller, einen Moment innezuhalten, tief durchzuatmen und dann alles in Ruhe zu erledigen. Man ist vermeintlich langsamer, als wenn man sich beeilt, aber im Endeffekt hat man auf diese Weise meist mehr geschafft. In der Hektik passieren oft Fehler und Missgeschicke, die man ausbügeln oder sogar neu machen muss. Wenn man die Sache ruhig und gelassen angeht, gelingt es oft besser. Man bleibt leichter in seiner Mitte und behält seine innere Balance.

18. Eigene Gedanken hinterfragen

Oft hilft es auch, seine eigenen Gedanken hin und wieder zu hinterfragen, um sich ausgeglichener zu fühlen. Hinter manchen Gedanken stecken festgefahrene Muster, die eher hinderlich sind und deine innere Balance stören. Versuch, diese Gedanken loszulassen und positiv zu denken.

19. Es ist egal, was andere denken

Wer diese innere Haltung hat, gewinnt ein großes Stück Freiheit. Es ist völlig egal, was die anderen von dir denken. Es ist dein Leben. Du entscheidest, wie du leben möchtest.

Immer nur die Erwartungen und Ansprüche anderer zu erfüllen, kann dich aus deiner inneren Balance bringen. Es allen rechtmachen zu wollen, tut einem nicht gut. Abgesehen davon, funktioniert es meistens sowieso nicht. Der eine will dies, der andere das. Hat man es den beiden rechtgemacht, kommt eine dritte Person und will was ganz anderes. Man rotiert und bleibt oft selbst auf der Strecke. Mit innerer Balance hat das meistens nicht viel zu tun.

Da ist es viel befreiender und entspannender, wenn es einem egal ist, was andere denken. Es ist eine innere Haltung, die man lernen und einnehmen kann.

20. Vergleiche vermeiden

Manche Menschen neigen dazu, sich mit anderen zu vergleichen. Die Freundin hat eine bessere Figur, der Nachbar ein größeres Haus, der Kollege ein schnelleres Auto. Das kann unzufrieden machen – und es macht keinen Sinn. Okay, der Nachbar hat ein größeres Haus, aber würde es dir entsprechen? Würdest du wirklich dort wohnen wollen? Oder passt das kleine gemütliche Haus, in dem du wohnst, nicht vielleicht viel besser zu dir? Fühlst du dich in deinem Haus wirklich unwohl? Oder meinst du bloß, du müsstest dich theoretisch in einem großen Haus wohler fühlen? Manchmal macht man sich völlig absurde Gedanken, die mit der eigenen Situation und Zufriedenheit oft nicht mehr viel zu tun haben.

Anstatt sich mit anderen zu vergleichen, frag dich lieber: Bin ich zufrieden? Das bringt dich viel weiter. Wenn du zufrieden bist, kannst du dich freuen. Wenn nicht, kannst du weiter erforschen, warum du nicht zufrieden bist, und etwas daran ändern. Auf diese Weise bist du mehr bei dir selbst, als wenn du dich damit beschäftigts, was der andere hat. Je mehr du bei dir selbst und in deiner Mitte bist, desto größer ist die Chance auf innere Balance.

21. Nicht überreagieren

Wenn einem etwas vermeintlich Negatives passiert, denkt man oft im ersten Moment, es wäre besonders schlimm. Mit etwas Abstand merkt man, dass es doch nicht so schlimm ist. Manchmal hat man sich umsonst aufgeregt und geärgert. Im Nachhinein merkt man, dass es gar nicht nötig gewesen wäre. Man kann sich aber auch schon am Anfang, wenn es passiert, ganz bewusst fragen: Ist es wirklich so schlimm? Oft stellt man fest, dass es das nicht ist und man nur im ersten Moment überreagiert hat. Wenn man das gemerkt hat, kann man es leichter nehmen und sich beruhigen. Man bleibt leichter bei sich.

22. Fehler gönnen

Zwischendurch Fehler zu machen, ist normal –
und menschlich. Nimm es locker, wenn du mal
einen Fehler machst. Sei gut zu dir selbst und
vergib dir diesen Fehler.

Wenn dein Fehler auch andere Menschen betrifft,
kannst du dich bei ihnen entschuldigen. Oft hilft
es auch, anderen zu erklären, wie und warum es
zu dem Fehler gekommen ist. So lassen sich
solche Situationen oft leichter klären, als man am
Anfang dachte.

Wichtig ist allerdings, dass du aus deinen Fehlern
lernst. Finde heraus, was genau der Fehler war
und was du beim nächsten Mal anders machen
kannst. Lerne aus deinem Fehler und mach ihn
nicht noch einmal.

23. Auf die innere Stimme hören

Deine innere Stimme und deine Intuition können dir den Weg zu deiner inneren Balance zeigen. Hör auf deine innere Stimme. Achte auf deine ersten Impulse. Handele intuitiv. Folge deinem Herzen.

Manchmal trifft man Entscheidungen vom Kopf und Verstand her. Dabei sagt das Herz etwas ganz anderes. Tief in seinem Inneren spürt man meist, was richtig ist. Die Herausforderung ist, darauf zu hören und zu vertrauen - deiner inneren Stimme zu folgen. Je mehr positive Erfahrungen man damit macht, desto leichter fällt es einem, auf seine innere Stimme zu hören.

24. Auf den Körper hören

Ein wesentlicher Aspekt der inneren Balance ist es, mit seinem Körper im Einklang zu sein. Die Signale seines Körpers wahrzunehmen. Welche Nahrung tut meinem Körper gut? Brauche ich jetzt Bewegung oder Ruhe? In welcher Kleidung fühle ich mich wohl? Fühle ich mich in Gegenwart dieses Menschen wohl oder möchte ich ihn nicht sehen? Bei all diesen Dingen ist es sinnvoll, auf die Signale des Körpers zu hören – und auf das Herz und die innere Stimme.

Unser Körper teilt uns meist ganz genau mit, was ihm guttut. Die Herausforderung ist, seine Zeichen wahrzunehmen und richtig zu verstehen. Der erste Schritt auf dem Weg dahin, ist, offen zu sein für die Signale unseres Körpers. Hinzuhören. Hinzuspüren.

Sehr deutlich spürt man die Signale des Körpers zum Beispiel, wenn man Angst vor etwas hat. Je näher man dieser Sache kommt, desto mehr zieht sich in einem alles zusammen oder desto mehr grummelt der Magen. Ähnliche Symptome kann man haben, wenn einem etwas nicht guttut. Wenn einem etwas nicht entspricht, nicht gut für einen ist und man es trotzdem tun will. Die Herausforderung ist nun, zu unterscheiden, ob man sich so fühlt, weil es nicht gut für einen ist oder weil man Angst hat.

Spüre in solchen Situationen genau in dich hinein. Ist es nur Angst? Die zum Beispiel aus einer schlechten Erfahrung stammt oder weil du etwas Neues ausprobierst, das du noch nie gemacht hast? Dann kann es sehr befreiend sein, diese Angst zu überwinden.

Ist es jedoch nicht nur Angst, sondern ein ungutes Gefühl oder ein totaler innerer Widerstand gegen diese Sache, kann das ein Zeichen dafür sein, dass es dir nicht entspricht und du es lieber lassen solltest.

Manche Menschen wissen von Natur aus genau, was ihr Körper ihnen sagen will. Als Baby weiß man es meist sehr genau. Aber oft wird es einem im Laufe der Jahre zum Beispiel von der Gesellschaft abtrainiert oder man verlernt es. Mit etwas Übung kann man es wieder lernen. Es ist sinnvoll. Denn dein Körper, dein Herz und deine innere Stimme wissen genau, wie du deine innere Balance erreichen kannst.

25. Die richtige Ernährung

Ob wir uns wohlfühlen, hängt unter anderem mit unserer Ernährung zusammen. Deine Ernährungsgewohnheiten genauer unter die Lupe zu nehmen, kann dir helfen, dich innerlich wohler und ausgeglichener zu fühlen. Achte mehrere Tage oder Wochen genau darauf, was, wieviel und wann du isst und trinkst.

Übung 10:

Einen guten Überblick bekommst du zum Beispiel, wenn du alles in eine Art Ernährungstagebuch schreibst. Notiere jeden Tag, was du wann zu dir nimmst. Damit das Tagebuch aussagekräftig ist, solltest du das mindestens zehn Tage lang machen – besser zwei oder drei Wochen.

Schreib dir auch auf, wie es dir nach dem Essen geht. Gibt es dir neue Energie? Fühlst du dich danach fitter und wacher? Oder müde und schwer? Frühstückst du genug? Isst du regelmäßig eine warme Mahlzeit? Wann isst du warm? Kannst du nach dem Abendessen gut einschlafen?

Wichtig ist, immer genügend Wasser zu trinken. Da jeder Mensch anders ist und einen anderen Stoffwechsel hat, gibt es darüber hinaus kein Patentrezept für die richtige Ernährung. Es gibt dank der Forschung und Ernährungswissenschaft Anhaltspunkte dafür, wie viele Vitamine, Mineralien, Nährstoffe und Co. ein Mensch ungefähr braucht. Aber zudem spielen viele Faktoren eine Rolle, ob dir deine Ernährung guttut und dir dabei hilft, deine innere Balance zu finden.

Deshalb ist es wichtig, dass du dir deine Ernährungsgewohnheiten genau anschaust. Sei aufmerksam und achte darauf, wie dir welche Nahrung bekommt und welche dir besonders guttut. Entwickele daraus deinen individuellen Ernährungsstil.

26. Das Essen genießen

In der heutigen Zeit neigen manche Menschen dazu, die Nahrungsaufnahme als notwendiges Übel anzusehen. Sie wird schnellstmöglich erledigt, oft sogar, während man dabei noch etwas anderes macht.

Für die innere Balance ist es wichtig, das Essen zu genießen. Plane genug Zeit dafür ein, lass dir Zeit dabei und genieß den Moment, in dem du mit einer gesunden Nahrung neue Kraft tanken kannst. Sei dankbar für das Essen und freu dich, dass du etwas so Leckeres und Gesundes essen kannst. Zelebriere das Essen. Genießer sind oft glücklicher.

Wenn du zu den Menschen gehörst, die am liebsten mit anderen gemeinsam essen, gestalte den Tag so, dass du das tun kannst. Das geht vielleicht nicht immer. Aber du kannst darauf achten, dir auch auf diese Weise etwas Gutes zu tun. Statt morgens hastig zur Arbeit zu eilen, kannst du vielleicht noch ein gemeinsames Frühstück mit deinem Partner einplanen. Vielleicht kannst du bei der Arbeit deine Pausen so legen, dass du mit einem netten Kollegen zusammen essen kannst. Wenn dein Partner oder deine Freundin in der Nähe arbeitet, könnt ihr euch vielleicht beim Italiener um die Ecke zum Mittagessen treffen. Ansonsten gibt es vielleicht abends die Gelegenheit zusammen zu essen. Wenn dir das gemeinsame Essen guttut, schaffe mehr Möglichkeiten, es zu tun. Tu dir etwas Gutes!

27. Die richtige Kleidung

Für die innere Ausgeglichenheit und das Wohlbefinden ist es auch wichtig, Kleidung zu tragen, in der du dich wohlfühlst. Trage deine Lieblingsfarben oder wechselnde Farben je nach deiner Tageslaune. Nimm Materialien, die sich auf deiner Haut gut anfühlen. Wähle einen Schnitt, der zu deiner Figur und deinen persönlichen Vorlieben passt. All das trägt dazu bei, dass man sich wohler fühlt und mit sich selbst im Einklang ist.

Wenn man Kleidung trägt, die einem nicht entspricht, kann einen das regelrecht runterziehen. Umgekehrt kann die richtige Kleidung dazu beitragen, dass man mehr in seiner Kraft ist. Achte einmal ganz bewusst darauf, in welcher Kleidung du dich wohl fühlst. In welcher du dich fit fühlst. In welcher du mehr Freude hast. Welche deine Lebendigkeit fördert.

Manche Menschen haben eine Art „Glückspulli" oder „Glückssocken". Kleidungsstücke, die sie getragen haben, als schöne Dinge passiert sind oder als sie einen Erfolg hatten. Hast du auch solche Erfahrungen gemacht? Gibt es ein Kleidungsstück, in dem die Tage einfach leichter und schöner sind? Hast du an den Tagen, an denen viel schiefläuft, zufällig dasselbe Teil angehabt? Oder ähnliche Kleidungsstücke. All das können Hinweise darauf sein, ob dir ein Kleidungsstück entspricht. Kleidung, die dir entspricht und in der du dich wohlfühlst, kann zur inneren Balance beitragen.

28. Körperpflege

Seinen Körper zu pflegen, ist erholsam und entspannend. Körperpflege trägt zum Wohlbefinden bei. Man schenkt seinem Körper Aufmerksamkeit und pflegt ihn. Man nimmt sich Zeit für sich und tut sich etwas Gutes. Das kann die innere Balance stärken. Sei dankbar für deinen Körper und freu dich darüber. Verwöhn ihn!

29. Wellness

Erholsame Wellnessstunden sind wohltuend für Körper und Geist. Sie fördern die innere Balance. Ob heißes Schaumbad zu Hause, Besuch einer Therme oder Massage: Entspann dich und sei ganz du selbst. Komm in deine Mitte und genieße deine innere Harmonie.

30. In die Natur gehen

Innere Balance spürt man in der Natur meist besonders intensiv. An einem ruhigen See. Am Meer. Im Wald. Bei einem Spaziergang durch die Felder. Man fühlt die Kraft der Natur und spürt, dass alles mit allem verbunden ist. Das ist wohltuend, entspannend und erholsam. Es kann dazu beitragen, dass man sich und seinen Körper besser wahrnimmt. In der Natur fühlt man sich leichter mit sich selbst im Einklang.

31. Lachen

Beim Lachen werden Glückshormone ausgeschüttet. Die Muskeln lockern sich und es kann dabei helfen, Stress abzubauen.

Gönn dir ein herzhaftes Lachen! Albere bei der Arbeit einfach mal mit deinen Kollegen herum, erzählt euch einen Witz oder schaut euch zwischendurch ein lustiges Video an. Manchmal funktioniert es auch, einfach mit dem Lachen anzufangen – ohne Grund. Dieses zunächst eher künstliche Lachen geht oft in ein echtes Lachen über. Das funktioniert vor allem in Gruppen. Lachen ist ansteckend – im positiven Sinne. Lachen tut gut!

Auch allein kannst du deinen Alltag lustiger gestalten und öfter lachen. Lies ein witziges Buch oder schau dir eine Komödie an. Du kannst dir auch die DVDs deines Lieblingscomedians kaufen und bei Lachbedarf anschauen. Du hast eine Freundin, mit der es einfach immer lustig ist? Ruf sie an. Quatscht und lacht ein paar Minuten. Gönn dir das Lachen und genieß es!

32. Musik

Deine Lieblingsmusik zu hören, kann auch zu innerer Balance beitragen. Schöne Musik kann entspannend und wohltuend wirken. Sie kann Herzen berühren und Herzen öffnen. Lausche deiner Lieblingsmusik und fühl dich wohl.

Viele Menschen finden ihre innere Balance auch, indem sie singen oder ein Instrument spielen. Vielleicht gehörst du dazu und machst bereits selbst Musik. Wenn du nicht dazu gehörst: Singst du gerne? Sing! Zuhause, im Auto, vor Freunden – wo auch immer. Folge deinem Herzen und sing. Gibt es ein Instrument, das du schon immer lernen wolltest? Vielleicht ist genau der richtige Zeitpunkt, damit anzufangen. Vielleicht kannst du eine Schnupperstunde nehmen oder dir das Instrument eines Freundes ausleihen, um einfach mal auszuprobieren, ob es dir Freude macht.

Musik kann dir dabei helfen, deine innere Balance zu finden.

33. Tanzen

Tanzen ist eine wunderbare Möglichkeit, deinen Gefühlen freien Lauf zu lassen und dich auszudrücken. Beim Tanzen denkt man nicht so viel nach. Man hört einfach die schöne Musik und bewegt sich rhythmisch dazu. Dabei ist es völlig egal, ob man jemals tanzen gelernt hat. Es geht nicht um eingeübte Figuren, sondern darum, sich völlig frei und glücklich zur Musik zu bewegen. Egal, wie es aussieht. Viele können dabei gut loslassen und zu sich selbst kommen. Das kann dazu beitragen, die innere Balance zu stärken.

34. Sport

Sport ist für viele ein guter Ausgleich zum Alltag, zum Beruf oder zu überwiegend geistiger Tätigkeit. Die Bewegung kann dabei helfen, den Körper und den Geist wieder in Einklang zu bringen. Der Kreislauf kommt in Schwung und der Stoffwechsel wird angeregt. Außerdem denkt man während des Sports meist nicht mehr so viel über Sorgen und Probleme nach. Man bekommt den Kopf frei und nimmt sich Zeit für sich. Je nach Sportart trifft man dabei andere Menschen, mit denen man sich austauschen kann. Beim Sport kommen gleich viele Faktoren zusammen, die sich positiv auf die innere Balance auswirken können.

35. Glückliche Partnerschaft

Innere Balance ist etwas, das man in sich selbst hat und spürt. Unabhängig davon, ob man Single ist oder einen Partner hat.

Bei manchen Menschen wird die innere Balance durch eine Partnerschaft gestärkt, anderen fällt es manchmal schwer, bei sich zu bleiben. Es besteht die Gefahr, sich zu sehr auf den anderen zu konzentrieren, sich anzupassen und nicht mehr in seinem inneren Gleichgewicht zu sein. Wenn es dir im Zusammensein mit deinem Partner so geht, achte besonders darauf, deine innere Balance zu finden und zu behalten. Oft hilft es, sich mehr Zeit für sich selbst zu nehmen. Mach auch mal schöne Dinge ohne deinen Partner. Geh deinen Interessen nach, fang ein neues Hobby an, gönn dir ein paar Wellnessstunden oder ruh dich einfach zu Hause allein aus. Finde heraus, was dir guttut und wobei du am besten in deine Mitte kommst.

Wenn du das Gefühl hast, dass es in deiner Partnerschaft etwas anderes gibt, dass dich aus deiner inneren Balance bringt, versuch eine Lösung zu finden. Sprich offen und ehrlich mit deinem Partner. Findet eine Lösung.

36. Ausgewogenheit in den Lebensbereichen

Für die innere Balance ist ein ausgewogenes Verhältnis zwischen allen Lebensbereichen wichtig. Gesundheit und Wohlbefinden, Entspannung und Zeit für sich, Partnerschaft, Familie, Freunde, Job und so weiter. Wieviel Raum man jedem Bereich geben möchte, ist sehr individuell. Haben in deinem Leben alle Bereiche so viel Raum, wie du gerne möchtest und wie es dir guttut? Kommt ein Bereich zu kurz? Nimmt ein Bereich zu viel Platz ein? Schau es dir genau an und spür in dich hinein.

Wenn du feststellst, dass es nach deinem Empfinden ein Ungleichgewicht in diesen Bereichen gibt, versuch es zu ändern. Räume den Dingen, die dir wichtig sind und guttun, mehr

Raum ein. Nimm dir mehr Zeit dafür. Das tut deiner inneren Balance gut.

Manchmal lassen sich die Bereiche miteinander vereinen. Anstatt dich entscheiden zu müssen, ob du mit deinen Freunden ins Kino gehen oder dich beim Wellness entspannen willst, könnest du deine Freunde fragen, ob sie Lust auf Wellness haben und mit ihnen zusammen gehen. Wie auch immer deine persönliche Lösung aussieht, achte auf ein ausgewogenes Verhältnis, mit dem du dich wohlfühlst.

37. Balance zwischen Partnerschaft und Job

Die Balance zwischen deiner Partnerschaft und deinem Job zu finden, kann auch zu deiner inneren Balance beitragen. Wenn der Job immer wichtiger ist, kann es zu Spannungen in der Partnerschaft kommen. Der Partner fühlt sich vernachlässigt und es kann Streit geben. Das macht es dir nicht gerade leicht, in deiner Mitte zu bleiben. Deshalb ist es auf dem Weg zur inneren Balance auch wichtig, die Partnerschaft und den Job unter einen Hut zu bringen.

Dabei kann es helfen, Prioritäten zu setzen. Stehen im Job wichtige Termine an, bekommen diese die oberste Priorität. Dafür könnt ihr versuchen, euch gemeinsam einen Tag frei zu nehmen, wenn ihr mehr Zeit für euch braucht.

Wichtig ist auch, sich zu fokussieren. Das heißt in diesem Fall: Wenn du bei der Arbeit bist, konzentrierst du dich auf deine beruflichen Aufgaben, und zu Hause schenkst du deinem Partner deine Aufmerksamkeit. Genießt eure gemeinsame Zeit. Ideal ist, wenn ihr dabei nicht über den Job nachdenkt. So könnt ihr den schönen Moment und eure Zweisamkeit genießen.

Ein gutes Zeitmanagement hilft auch dabei, ein ausgewogenes Verhältnis zwischen Partnerschaft und Job zu erreichen. Eine frühzeitige Planung ist oft hilfreich, insbesondere, wenn ihr unterschiedliche Arbeitszeiten habt. Besprecht gemeinsam eure Dienstpläne und plant genug Zeit für Zweisamkeit und schöne Erlebnisse ein. Wenn zum Beispiel eine Geschäftsreise ansteht, könnt ihr als Ausgleich ein anderes Mal einen romantischen Wochenendtrip machen. Sprecht einfach offen darüber, wieviel gemeinsame Zeit euch wichtig ist und findet Lösungen, mit denen ihr euch beide wohlfühlt.

Klare Regeln können auch helfen, Partnerschaft und Job ausgewogen zu gestalten. Zum Beispiel, dass das Geschäftshandy zu Hause immer ausgeschaltet wird oder abends keine beruflichen E-Mails mehr gecheckt werden.

38. Freundschaften

Freunde sind wichtig im Leben. Es tut gut, Menschen um sich herum zu haben, die einen so lieben, wie man ist. Menschen, mit denen man reden und schweigen kann. Denen man alles erzählen kann und die einem zuhören. Mit denen man lachen und auch mal weinen kann. Eine gute Freundschaft kann dir ein gutes Gefühl geben, das sich wiederum positive auf deine innere Balance auswirkt.

Eine gute Freundschaft kann sich positiv auswirken, aber die innere Balance hängt nicht davon ab. Du kannst sie auch so erreichen. Du kannst auch ohne Freunde im Einklang mit dir selbst und glücklich sein. Aber eine gute Freundschaft kann zu deinem Wohlbefinden beitragen und dadurch auch zu deiner inneren Balance. Schön ist, wenn ihr beide eure innere

Harmonie spürt und euch ausgeglichen fühlt.
Dann könnt ihr euch gegenseitig inspirieren und
miteinander wachsen.

39. Sich aussprechen

Oft tut es einfach gut, mit einem lieben Menschen zu reden. Mit dem Partner, der Familie, der besten Freundin oder einem Bekannten. Über seine Probleme zu reden und zu genießen, dass jemand zuhört. Manchmal erleben sich dadurch ganz neue Lösungen, an die man vorher noch nicht gedacht hat. Man ist erleichterter und ausgeglichener, als wenn man die ganze Zeit allein mit dem Problem herumläuft. Aussprechen tut gut.

40. Unterstützung annehmen

Es ist ein schönes Gefühl, wenn man alles allein schafft. Aber manchmal ist es auch richtig und wichtig, Hilfe von anderen anzunehmen. Wenn dir jemand seine Unterstützung anbietet, denk zumindest drüber nach, ob es dir helfen würde. Manchmal lehnt man solche Angebote aus Stolz oder Gewohnheit ab. Dabei wäre es eine große Erleichterung, eine Aufgabe abgeben zu können. Ab und zu Unterstützung anzunehmen, kann dir dabei helfen, entspannter und ausgeglichener zu sein.

41. Verantwortung für sein Leben übernehmen

Ein weiterer wichtiger Punkt ist, Verantwortung für sein Leben zu übernehmen. Sich klarzumachen, dass nicht immer die anderen schuld sind, sondern dass man sein Leben selbst gestalten und in die Hand nehmen kann.

Mit Verantwortung sind in dem Fall keine Pflichten oder noch mehr Leistung und Anstrengung gemeint. Ganz im Gegenteil: Es geht um die Verantwortung für die Freude im eigenen Leben. Du selbst kannst für Freude und Zufriedenheit in deinem Leben sorgen. Tut dir mehr Zeit mit deinem Partner gut? Brauchst du mehr Ruhe? Hast du das Bedürfnis dich mehr zu bewegen? Verlangt dein Körper nach einem leckeren Essen? Müsste sich in deinem Leben grundlegend etwas ändern, damit es dir besser geht? Ein neuer Wohnort? Ein neuer Job? Ein neuer Partner? Was auch immer es ist: Du selbst darfst dafür sorgen, dass es dir gut geht. Du hast die Verantwortung für die Freude in deinem Leben und für dein Wohlbefinden.

42. Mitmenschen achten und schätzen

Ein Punkt, den man im ersten Moment vielleicht nicht der inneren Balance zuordnen würde, ist der Umgang mit seinen Mitmenschen. Wer sich anderen gegenüber freundlich, ehrlich und fair verhält, ist oft selbst ausgeglichener. Man ist mit den anderen im Reinen und mit sich selbst. Dazu gehört zum Beispiel, nicht schlecht über andere zu reden, nicht zu lügen oder zu betrügen.

Natürlich gibt es immer mal Streit. Der ist oft auch wichtig und, wenn man richtig damit umgeht, kann man sogar daran wachsen. Dabei hilft es zum Beispiel, sich gegenseitig auf den Standpunkt des anderen zu stellen. So kann man mehr Verständnis füreinander aufbringen und leichter eine Lösung finden.

Manchmal ist es erforderlich, Grenzen zu setzen oder sogar den Kontakt abzubrechen. Aber auch in solchen Fällen tut man sich selbst nichts Gutes, wenn man Groll und Hass hegt oder sich rächen will. Das kann die innere Balance beeinträchtigen.

Man sollte sich natürlich nichts gefallen lassen und nicht zulassen, dass der andere einem selbst schadet. Aber dem anderen schaden zu wollen, tut einem selbst nicht gut. Grenzen setzen ja, aber den Machtkampf beenden und zur Harmonie zurückkehren. Wenn es mit dem anderen zusammen nicht möglich ist, womöglich besser ohne ihn. Das kann einem helfen, die innere Balance wieder zu spüren.

43. Grenzen setzen

Um die innere Balance zu erreichen und zu behalten, ist es manchmal erforderlich, Grenzen zu setzen. Nein zu sagen, kann im richtigen Moment sehr befreiend und wohltuend sein.

Wer normalerweise immer versucht, es allen rechtzumachen, kann lernen, einfach mal Nein sagen und sich mehr um sich selbst zu kümmern. Anderen zu helfen, ist schön, aber nicht, wenn dieses ausgenutzt wird und über die eigenen Grenzen geht. In solchen Situationen ist ein bisschen gesunder Egoismus angesagt. Setz rechtzeitig Grenzen. Wenn du um Hilfe gebeten wirst und gerne helfen möchtest, kannst du zum Beispiel ganz klar sagen, dass du zwei Stunden Zeit hast. Nach diesen zwei Stunden gehst du. So verhinderst du, dass sich die Hilfsaktion den ganzen Tag hinzieht, obwohl du am liebsten schon längst entspannt in der Badewanne liegen oder ein Buch lesen würdest. Das ist nur ein Beispiel von vielen. Achte einfach mal bei dir selbst darauf, wo Grenzen sinnvoll wären – und trau dich!

44. Menschen, die einem nicht guttun, meiden

Es kann vorkommen, dass du dich in der Gegenwart mancher Personen nicht wohlfühlst. Versuch herauszufinden, woran das liegt. Lässt es sich ändern? Findest du einen Weg, damit umzugehen? Ansonsten kann es auch manchmal eine sinnvolle Lösung sein, sich von dieser Person fernzuhalten.

Im Berufsleben lässt sich das oft nicht so leicht realisieren. Aber dort kannst du zumindest versuchen, den Kontakt einzuschränken, zum Beispiel nur noch sachlich und über das Nötigste zu reden, und klare Grenzen zu setzen.

Auch im privaten Umfeld kann es manchmal erforderlich sein, Grenzen zu setzen oder Kontakte ganz abzubrechen. Das kann dann der

Fall sein, wenn sich Konflikte absolut nicht klären lassen und man sich in der Gegenwart des anderen nur noch schlecht fühlt.

Natürlich macht es Sinn, vorher alles Mögliche zu versuchen, um das Problem zu lösen. Sich auf den Standpunkt es anderen zu stellen, um ihn besser zu verstehen. Andere, neue Blickwinkel zuzulassen. Veränderungen zuzulassen. Sich auszusprechen und sich zu verzeihen. Was auch immer bei euch gerade dran ist. Aber wenn man merkt, dass das alles nichts bringt, man sich vielleicht nur noch mehr verletzt und es einem beim Kontakt mit dieser Person schlecht geht, kann es die Lösung sein, sich voneinander zu verabschieden. Manchmal ist es erforderlich, den Kontakt abzubrechen.

Vielleicht nur für eine Weile, vielleicht für immer. Manchmal reicht eine Auszeit, in der beide Abstand voneinander haben und zu sich kommen können. In der jeder seine innere Balance finden kann.

Aus dieser inneren Balance heraus findet man manchmal neue Lösungen. Man bekommt neue Ideen, wie man mit dem anderen kommunizieren kann. Daraus kann eine völlig neue Kommunikation entstehen, die vielleicht noch herzlicher ist. Beide können daran wachsen und sich entwickeln.

Es kann allerdings auch sein, dass du in dieser Pause merkst, dass es besser für dich ist, wenn du den Kontakt zu dieser Person ganz abrichst. Dass du freier und glücklicher bist. Dass du mehr innere Balance hast.

45. Ziele haben

Manche Menschen lieben es und sind glücklich damit, einfach so in den Tag hineinzuleben. Andere Menschen leben zwar so, ihnen geht es damit aber nicht so gut. Zu welchen Menschen gehörst du?

Wenn du nicht der geborene In-den-Tag-hinein-Lebende bist und damit rundum zufrieden bist, kann es dir helfen, dich mit deinen Zielen im Leben zu beschäftigen. Es kann zur inneren Balance beitragen, sich konkrete Ziele zu setzen.

Übung 11:

Was sind deine Ziele für den Tag? Die Woche? Den Monat? Das Jahr? Welche Ziele möchtest du in deinem Leben erreichen? Sich darüber klarzuwerden, kann helfen, sich zu fokussieren und den richtigen Weg zu finden.

Manche Menschen brauchen das Gefühl, ein Ziel erreicht zu haben. Sie sind dann zufrieden und im Einklang mit sich. Wenn man diese Ziele allerdings vorher nicht definiert oder aufgeschrieben hat, bemerkt man manchmal gar nicht, dass man es längst erreicht hat. Es passiert einfach und geht unter. Dabei wäre das Erreichen des Ziels ein schöner Moment, über den man sich freuen könnte. Ein Erfolg, den man feiern könnte. Solche Momente tragen zur inneren Zufriedenheit bei.

Deshalb hilft es vielen Menschen, über ihre Ziele nachzudenken und diese zu definieren. Eine schöne Möglichkeit ist, die Ziele aufzuschreiben. Wenn man ein Ziel erreicht hat, kann man es abhaken. Was für ein schönes Gefühl! Du kannst dir gratulieren und dich freuen.

Auf diese Weise wird einem viel mehr bewusst, was man in seinem Leben schon alles erreicht hat. Das wirkt sich positiv auf das Selbstvertrauen aus. Es tut einfach gut, sich die kleinen und großen Erfolge im Leben bewusst zu machen und zu gönnen. All das trägt zur inneren Balance und Harmonie bei.

46. To-do-Liste

Was hat eine To-do-Liste mit innerer Balance zu tun? Die Liste hilft dir, deinen Alltag besser zu organisieren und dich nicht zu verzetteln. Wenn du alle Aufgaben aufschreibst, hast du einen besseren Überblick. Du hast es aufgeschrieben und brauchst nicht die ganze Zeit darüber nachdenken. Das heißt, du kannst dich darauf fokussieren, was du gerade tust. Dadurch kannst du dich besser konzentrieren. Anschließend hakst du es ab und schaust, was du noch erledigen wolltest.

Auf diese Weise kann man oft leichter und angenehmer arbeiten. Man ist nicht so gestresst und kann die Aufgaben entspannter erledigen. Danach sieht man schwarz auf weiß, was man geschafft hat, und kann sich über seinen Erfolg freuen. Das kann zur inneren Zufriedenheit und Ausgeglichenheit beitragen.

47. Sich belohnen

Belohn dich zwischendurch. Gönn dir etwas, wenn du erfolgreich warst. Mach am Abend etwas Schönes, wenn du deine To-do-Liste für den Tag abgearbeitet hast. Belohn dich mit einem neuen Kleid, wenn du die Steuererklärung gemacht hast, oder geh am nächsten Tag in Ruhe ein Eis essen, wenn du den großen Kindergeburtstag deines Kindes überstanden hast. Egal, wie klein oder groß die Belohnung ist, es tut gut, sich zwischendurch zu belohnen und eine Freude zu machen. Auch das trägt zur inneren Balance bei.

Übung 12:

Belohne dich und genieß es!

48. Erfolge feiern

Es tut gut, Erfolge im Leben zu feiern – auch die kleinen Erfolge im Alltag. Anstatt einfach darüber hinwegzugehen, freu dich darüber! Feiere dich und deine Erfolge! Feiern heißt dabei nicht unbedingt, jedes Mal eine Party zu machen. Es können auch ein Abendessen beim Lieblingsitaliener, ein Spaziergang in der Sonne, ein gemütlicher Abend mit der Lieblingsschoko auf der Couch, das Ausschlafen am nächsten Morgen oder ein freier Tag sein. Es geht darum, dir deine Erfolge bewusst zu machen und sie dir selbst zu gönnen. Dich darüber zu freuen. Sie zu zelebrieren.

Ob beruflicher Etappensieg, fertige Renovierung der Wohnung, gelungenes Essen nach einem neuen Rezept oder das Erreichen eines persönlichen Ziels: Feier es und genieß deinen Erfolg!

49. Berufliche Zufriedenheit

Für die innere Balance ist auch Zufriedenheit im Job wichtig. Macht dir dein Job Freude? Fällt er dir leicht? Entspricht er dir?

Würdest du lieber einen anderen Job machen? Dann schau, ob du etwas ändern kannst. Oft steckt man so in seinem alltäglichen Trott, dass man gar nicht mehr darüber nachdenkt, was man lieber machen würde. Aber sich seine Wünsche zu erfüllen, ist auch in beruflicher Hinsicht sinnvoll. Wenn man seinen Job liebt, ist man glücklicher und ausgeglichener.

Überleg, was du tun kannst, um beruflich zufrieden zu sein. Möchtest du lieber in eine andere Abteilung? Sprich mit deinen Kollegen und deinem Chef. Vielleicht würde ein anderer Kollege auch gerne tauschen, hat sich bisher nur nicht getraut, etwas zu sagen. Dein Chef könnte dich vormerken und sich bei dir melden, wenn in der Abteilung ein Job frei wird. Das kann er aber nur, wenn du mutig bist und deine Wünsche äußerst.

Willst du gerne das Unternehmen wechseln? Schau dich nach Alternativen um. Nimm dich selbst und deine Wünsche so wichtig, dass du dir die Zeit dafür nimmst. Würdest du gerne einen ganz anderen Job ausüben? Heutzutage gibt es für Quereinsteiger viele Chancen. Du würdest dich gerne selbstständig machen? Informier dich darüber oder nimm eine professionelle Beratung zur Firmengründung und schau, ob, wie und wann es sich realisieren lässt.

Wenn du beruflich gerne etwas anderes machen würdest, versuch, eine Lösung zu finden. Beschäftige dich mit dem Thema, um herauszufinden, welche Möglichkeiten du hast. Sei offen für die Chancen, die sich dir bieten.

Allein das Öffnen für diesen neuen Weg kann dir schon dabei helfen, glücklicher zu werden und innere Balance zu finden.

50. Den Schweinehund überwinden

Innere Widerstände, die längst überflüssig sind und keinen Sinn mehr machen, zu überwinden, kann auch zur inneren Balance beitragen. In manchen Situationen ist es einfach wichtig, sich aufzuraffen. Es tut gut, Mut zu haben und etwas Neues auszuprobieren. Das kann die innere Balance unterstützen.

51. Gewohnheiten ändern

Manchmal hat man Gewohnheiten und festgefahrene Muster, die der inneren Balance im Wege stehen. Immer der gleiche Tagesablauf, immer der gleiche Weg zur Arbeit, immer der gleiche Ablauf bei der Hausarbeit und selbst am Abend macht man oft immer das Gleiche – in der gleichen Reihenfolge. Abendessen, Fernsehen, ins Bett gehen.

Es tut gut, diese Gewohnheiten zu ändern. Morgens einfach mal erst die Hose und dann den Pulli anzuziehen, wenn man es sonst immer umgekehrt macht. Zur Abwechslung mal erst den Tisch zu decken und dann den Kaffee zu kochen. Mal einen anderen Weg zur Arbeit oder zum Supermarkt zu nehmen. Abends etwas anderes zu machen. Einfach mal das Geschirr in der Küche stehen zu lassen, wenn man es sonst immer sofort abwäscht, und stattdessen einen Spaziergang zu machen.

Probiere einfach mal aus, deine Gewohnheiten zu ändern und es anders zu machen. Es ist sehr befreiend. Manchmal kommt man dadurch plötzlich auf neue Ideen oder findet plötzlich Lösungen, an die man vorher nicht gedacht hat. Durch das Ändern der Gewohnheiten können die Kraft steigen und die innere Ausgeglichenheit größer werden.

Übung 13:

Mach eine Liste von Gewohnheiten im Alltag. Überleg dir konkret, wie du diese ändern kannst. Schreib auch die Alternativen auf und ändere in den nächsten Tagen und Wochen deine Gewohnheiten!

52. Spontan sein

Spontaneität kann auch einen wichtigen Beitrag zur inneren Balance leisten. Spontanes Kaffeetrinken mit deiner Freundin, Spontankauf deiner neuen Lieblingsjeans oder spontaner Ausflug ans Meer. Dein Lieblingsstar ist in der Stadt, dein Kollege kann nicht und bietet dir seine Karte an? Gönn dir solche spontanen Highlights in deinem Leben.

Gerade in einem gut organisierten Leben und bei einem vollen Terminkalender sind spontane Gelegenheiten sehr befreiend. Oft ist man so in seinem Trott, dass man ablehnt, ohne richtig darüber nachzudenken. Aus Pflichtgefühl oder Gewohnheit. Anstatt sofort abzulehnen, denk zumindest drüber nach. Gönn dir Spontaneität und genieß dein Leben.

53. Chancen ergreifen

Manchmal bekommt man im Leben spontan eine tolle Chance. Etwas zu tun, das man schon immer tun wollte. Etwas zu erleben, das man nie zu träumen gewagt hätte. Etwas zu machen, über das man noch nie nachgedacht hat, das einem aber Freude bereiten oder einen neuen Weg eröffnen würde.

Das kann zum Beispiel die spontane Einladung einer Freundin sein, mit auf eine Reise zu kommen. Die Essenseinladung von einem netten Nachbarn. Ein völlig überraschendes Jobangebot. Die Möglichkeit, ein Jahr im Ausland zu verbringen. Tolle Chancen gibt es viele.

Anstatt diese Chancen aus Gewohnheit, Pflichtgefühl, Zeitmangel oder Angst abzusagen, schau dir diese Chancen an. Denk drüber nach.

Besser: Frag dein Herz! Spür in dich hinein, ob es dir Freude machen würde. Chancen zu ergreifen, kann dazu beitragen, glücklich zu werden, und deine innere Balance stärken.

Chancen zu nutzen, braucht Spontaneität, Flexibilität und Mut. Oftmals lohnt es sich, diesen Mut aufzubringen. Denn einer verpassten Chance hinterher zu trauern, ist nicht schön. Wenn ältere Menschen am Ende ihres Lebens gefragt werden, bereuen sie oft nicht ihre Fehler, sondern die Dinge, die sie in ihrem Leben nicht gemacht haben. Die Chancen, die sie nicht genutzt haben.

Es lohnt sich, neuen Chancen eine Chance zu geben. Schau sie dir an und frag dein Herz!

54. Anderen eine Freude machen

Es tut einem selbst auch gut, anderen Menschen eine Freude zu machen. Sei es ein Lächeln, das du am Morgen beim Brötchenholen der Bäckereifachverkäuferin schenkst, oder der heruntergefallene Einkaufszettel, den du für eine ältere Dame aufhebst. Ein Stück von deinem leckeren Kuchen, das du übrig hast und der netten Nachbarin bringst. Oder einfach Zeit, die du deiner Familie schenkst. Anderen eine Freude zu machen, kann auch zur inneren Balance beitragen. Es sollte natürlich in einem gesunden Maß geschehen. Damit ist nicht gemeint, dass du dich ausnutzen lässt oder für andere verausgabst. Achte auf deine Grenzen und kümmere dich auch gut um dich selbst! Dann ist eine nette Geste für andere ab und zu sehr wohltuend.

55. Offen sein für Veränderungen

Sei offen für Neues und Veränderungen in deinem Leben. Probiere Neues aus und sei offen dafür, neue Wege zu gehen. Überprüfe von Zeit zu Zeit ganz bewusst, ob du noch glücklich bist. Mit deiner Partnerschaft, deinem Wohnort, deinem Job und so weiter. Wenn nicht, ändere etwas daran. Veränderungen tun gut und können dir dabei helfen, deine innere Balance zu finden. Sei offen für Neues!

Über die Autorin

Linda Lavao ist seit vielen Jahren hauptberuflich Autorin. Sie schreibt informative Ratgeber – leicht verständlich und lösungsorientiert. Aus persönlicher Erfahrung, fundierter Recherche und kreativen Lösungsideen entstehen praktische Tipps für das Privat- und Berufsleben. Ob Schlaf-Ratgeber oder innere Balance: Lindas Ratgeber sind hilfreich und unterhaltsam.